Bibliografische Information der Deutschen Nationalbibliothek:
Die Deutsche Nationalbibliothek verzeichnet diese Publikation in der Deutschen Nationalbibliografie; detaillierte bibliografische Daten sind im Internet über http://dnb.d-nb.de abrufbar.

Impressum

© 2014 Edition Schönblick
Verfasser: Kardinal Prof. Dr. Drs. h.c. Walter Kasper
Herstellung und Verlag: Books on Demand GmbH, Norderstedt

ISBN 978-3-73-229229-5

EDITION SCHÖNBLICK

ÖKUMENE DER MÄRTYRER

THEOLOGIE UND SPIRITUALITÄT DES MARTYRIUMS

KARDINAL WALTER KASPER

VORWORT

Lieber Leser,

vom 10.-13. November 2013 fand auf dem Schönblick in Schwäbisch Gmünd bereits zum dritten Mal der Kongress „Christenverfolgung heute" statt. Eingeladen hatten die Evangelische Nachrichtenagentur »idea« und das Christliche Gästezentrum Schönblick in Verbindung mit 30 Kooperationspartnern (siehe Seite 41-44). Mehr als 500 Teilnehmer zeigen, dass diese Thematik sehr aktuell ist.

Ohne es vorab zu wissen, hatten wir „Engel" beherbergt (Hebräer 13,2): Boten Gottes aus Kirchen der Verfolgung. Sie lehren eine vergessene Seite des Evangeliums: wegen Jesus zu leiden. Diese ist unserer Generation in Mitteleuropa meist unbekannt.

Walter Kardinal Kasper hat auf dem Kongress mit dem nun vorliegenden eindrücklichen Lehrvortrag eine Brücke von der biblischen Grundlegung über die Erfahrung der weltweiten Kirche Jesu durch die Jahrhunderte zur „Ökumene der Märtyrer" geschlagen.

Ich wünsche dem Vortrag eine weite Verbreitung und dem Leser ein tieferes Verständnis für das Evangelium.

Kuno Kallnbach

Leiter Seminare, Schönblick

ZUM GELEIT

Walter Kardinal Kasper hat das Thema Martyrium und Christenverfolgung nicht erst im Alter entdeckt. Er hat es schon als langjähriger Sekretär und Präsident des Päpstlichen Rates zur Förderung der Einheit der Christen immer wieder angesprochen und auch davor als Bischof und Professor immer wieder thematisiert.

Die Arbeit an dem 2011 veröffentlichten Dokument „Christliches Zeugnis in einer multireligiösen Welt", dem ersten vom Vatikan, dem Ökumenischen Rat der Kirchen und der Weltweiten Evangelischen Allianz gemeinsam erarbeiteten Dokument, hat bestätigt, dass die Lage der bedrängten und verfolgten Christen die Weltchristenheit zusammenführt.

Der Prozess hat auch gezeigt, dass in ökumenischen Beziehungen am Ende die biblische Sprache diejenige ist, die uns zusammenführt. In der Heiligen Schrift ist unser gemeinsamer historischer Ausgangspunkt, ihre Sprache geht allen Spaltungen voraus und sie ist die einzige Autorität, die alle anerkennen.

Prof. Dr. phil Dr. theol. Thomas Schirrmacher

Vorsitzender der Theologischen Kommission
der Weltweiten Evangelischen Allianz

Ökumene der Märtyrer

Theologie und Spiritualität des Martyriums

Kardinal Walter Kasper

I. Martyrium als Ernstfall des Christseins

In der Zeit, in der ich in der Deutschen Bischofs-konferenz zuständig war für die Beziehungen zur Dritten Welt, wurde nach dem Fall der Berliner Mauer und des Eisernen Vorhangs der Vorschlag gemacht, künftig den bisher üblichen jährlichen Gebetstag für die Verfolgte Kirche zu streichen. Es gebe jetzt, so hieß die Begründung, nach dem Zusammenbruch des Ostblocks keine Christen-verfolgung mehr. Tatsächlich waren damals viele der Meinung, dass jetzt, nachdem das sowjetische System zusammengebrochen war und das westli-che demokratische Modell im Kalten Krieg den Sieg davongetragen hatte, eine Zeit der universa-len Anerkennung der Menschenrechte und der Demokratie angebrochen sei. Heute sehen wird, dass dies eine völlig naive Fehleinschätzung war.

Schon damals machten besonnene Stimmen darauf aufmerksam, dass Christenverfolgung zum Christentum gehört, sozusagen ein Existenzial des Christentums ist. Das hat Jesus seinen Jüngern klar vorausgesagt: „Haben sie mich verfolgt, werden sie auch euch verfolgen." (Joh 15,20). So gab es Christenverfolgung in der Märtyrerzeit der ersten Jahrhunderte der Kirche. Die Märtyrer-Geschichte setzte sich vor allem in der Missionsgeschichte in allen Jahrhunderten fort. Zu nennen sind die japanischen, die chinesischen, die vietnamesischen, die koreanischen, die ugandischen und viele andere Märtyrer. In keinem Jahrhundert gab es so viele Märtyrer wie im vergangenen 20. Jahrhundert, angefangen von Mexiko und Spanien, unter dem Nationalsozialismus und Sowjetkommunismus, in China, in vielen Ländern der Dritten Welt.[1] Es waren katholische, evangelische und orthodoxe Märtyrer. Heute verzeichnen wir nochmals eine neue Generation von Märtyrern von dramatischem Ausmaß. Die Christen sind heute die weltweit am meisten verfolgte Gruppe. Nordkorea ist wohl der schlimmste und verschwiegenste Ort solcher Verfolgung.[2] Es ist ein Skandal, dass davon in den Medien so wenig die Rede ist. Umso mehr bin ich dankbar, dass der Schönblick sich dieses Anliegen zu eigen gemacht hat.

Ich möchte im Folgenden nicht darüber sprechen, was wir für diese bedrängten und verfolgten Brüder und Schwestern tun können und selbstverständlich tun sollen. Ich möchte darüber sprechen, was sie für uns tun und was sie uns oftmals allzu verbürgerlichten westlichen Christen zu sagen, auch ökumenisch zu sagen haben. Ich möchte über das Martyrium als Ernstfall des in der einen, uns gemeinsamen Taufe begründeten Christseins sprechen.[3]

II. Was und wer ist ein Märtyrer?

Wir beginnen mit der Frage: Was oder wer ist ein Märtyrer? Die Antwort scheint auf den ersten Blick einfach zu sein, ist es aber nicht. In der frühen Kirche war der Begriff Märtyrer eindeutig: Der Begriff Märtyrer ist abgeleitet von dem griechischen Wort *martys*, das heißt Zeuge. Der Märtyrer ist ein Zeuge, und zwar ein Zeuge, der nicht nur mit seinem Mund, auch nicht nur mit seinem Leben, sondern wenn es zum Ernstfall kommt, auch mit seinem Sterben Zeugnis für Jesus Christus gibt. Der Märtyrer ist ein Blutzeuge, der um seines Glaubens zu Jesus Christus willen den Hass Nicht- oder Andersgläubiger auf sich zieht und der sein Taufversprechen dadurch besiegelt, dass er den Tod duldend auf sich nimmt.[4] Martyrium ist also von seinem Ursprung her ein spezifisch christlicher Begriff, der nicht ablösbar ist vom Christusbekenntnis und von der Lebenshingabe um Jesu und des Evangeliums willen.

Doch längst gibt es eine Ausweitung dieses Sprachgebrauchs. Oft werden auch Männer und Frauen als Märtyrer bezeichnet, welche als Wahrheitszeugen für ihre Überzeugung gestorben sind. Man denke an Sokrates oder – mit einem großen Sprung – an die Männer des 20. Juli 1944. Auch in anderen Religionen gibt es Menschen, die als Märtyrer bezeichnet und verehrt werden. Das gilt vom Judentum (etwa im Zusammenhang des Holocaust), ebenso vom Islam, vom Hinduismus und vom Buddhismus. Es ist selbstverständlich, dass sie alle, auch wenn sie nicht Märtyrer im christlichen Sinn sind, unseren hohen Respekt verdienen.

Eine problematische Wendung hat der Begriff Märtyrer dagegen in neuerer Zeit genommen. Es werden Menschen als Märtyrer verehrt, die bekennerhaft und demonstrativ Suizid begehen. So die japanischen Kamikaze-Flieger im zweiten Weltkrieg, die für den als göttlich verehrten Tenno den Tod auf sich nahmen, buddhistische Mönche, die sich als Protest gegen die chinesische Besetzung von Tibet töteten, oder christliche Studenten, die sich aus Protest gegen die damalige Diktatur in Südkorea selbst verbrannt haben[5]. Die frühe Kirche hat immer gesagt, man dürfe sich vom Martyrium, wenn es gefordert wird, nicht feige drücken, aber man solle es nicht suchen und vor allem nicht selber begehen. Vollends problematisch wird es, wenn fanatische islamistische Selbstmordattentäter bei Terroranschlägen viele Unbeteiligte mit in den Tod reißen und dann als Märtyrer gefeiert werden. Solches Märtyrertum ist offenkundig die Perversion des christlichen Märtyrerverständnisses. Fragen wir darum nochmals genauer: Was ist ein Märtyrer?

III. JESUS CHRISTUS DER URMÄRTYRER

Den Begriff Märtyrer im Sinn der Lebenshingabe für Jesus Christus finden wir ausdrücklich erst im letzten Buch des Neuen Testaments, in der Offenbarung des Johannes (17,6).[6] Das neutestamentliche Märtyrer-Verständnis hat jedoch in der Spätperiode des Alten Testaments eine Vorgeschichte.[7] Palästina war in dieser Spätzeit Teil des hellenistischen Großreichs, das auf Alexander den Großen zurückging und nach ihm unter den Diadochen aufgeteilt wurde. Sie suchten Palästina zu hellenisieren. Das führt in der Makkabäer-Zeit zu brutalen Verfolgungen von gesetzestreuen Ju-

11

den. Das Alte Testament (Apokryphen) berichtet von den sieben Brüdern, die wegen ihrer Treue zum Gesetz ein grausames Martyrium zu erdulden hatten.[8] Außerdem hören wir im Alten und dann im Neuen Testament immer wieder vom Schicksal der Propheten,[9] vom Leiden des Gerechten (Ps 34,5), vor allem vom leidenden Gottesknecht, der wegen unserer Verbrechen durchbohrt und wie ein Lamm zur Schlachtbank geführt wird (Jes 53). Diese Vorhersage hat sich nach dem Neuen Testament in Jesus Christus erfüllt. Schon Johannes der Täufer weist auf Jesus hin: „Seht das Lamm Gottes, das die Sünde der Welt hinweg nimmt" (Joh 1,29). In den Abendmahlstexten nimmt Jesus selbst das Motiv des Gottesknechtes auf. Er spricht von seinem Blut, das für die vielen vergossen wird (Mk 14,24 par.).[10] Diesen seinen stellvertretenden Tod nennt Jesus die Taufe, mit der er selbst getauft wird (Mk 10,38 f).

In der Offenbarung des Johannes, in der der Begriff Märtyrer erstmals begegnet, wird er als der treue Zeuge (ο μαρτυσ ο πιστοσ) bezeichnet (1,5; 3,14). Er ist der Urzeuge, d.h. der Urmärtyrer. Zeuge ist man vor Gericht. So spricht 1 Tim 6,13 von dem guten Bekenntnis (καλη ομολογια), das Jesus vor Pontius Pilatus abgelegt hat, in dem er als Zeuge aufgetreten ist (μαρτυρησαντοσ). Dieses

Zeugnis, das Jesus im Prozess vor Pontius Pilatus gab (Mt 27,11-26 par.; Joh 18,28-19,16) wurde dann maßgebend für die folgende Theologie des Martyriums.[11]

Im Prozess Jesu vor Pilatus treten alle Kennzeichen der späteren Märtyrergeschichte zu Tage.[12] Jesus wird von den Juden angeklagt; damit ist nicht das empirische jüdische Volk von damals gemeint und schon gar nicht das von heute. Die Juden gelten im vierten Evangelium als Vertreter und als Typus der Welt, die sich der Wahrheit Gottes verschließt. Es geht in dem Prozess Jesu also um den Prozess der Welt gegen den, der gekommen ist, für die Wahrheit Zeugnis zu geben. Es geht um die eschatologische Auseinandersetzung von Gott und Welt, Wahrheit und Lüge, Licht und Finsternis.

Ausgetragen wird der Prozess vor der römischen Obrigkeit. Damit erhält die eschatologische Auseinandersetzung eine öffentliche, politische Dimension. Als sich Pilatus als in Religionsfragen nicht zuständig erklärt, schieben die Juden ihre ursprüngliche religiös begründete Anklage auf die politische Ebene und klagen Jesus als politischen Messias an, der die Herrschaft des Kaisers in Frage stelle. Sie insinuieren dem Pilatus: Wenn du diesen laufen lässt, bist du kein Freund des Kaisers, dann bist du politisch geliefert. Die eschatologische Auseinandersetzung um die Wahrheit wird so zu einem politischen Prozess und zum politischen Kalkül.

Doch Jesus durchkreuzt dieses Spiel. Als Pilatus fragt: „Bist du der König des Juden?" antwortet er: „Ja, ich bin ein König." Aber mein Königtum ist nicht von dieser Welt. „Dazu bin ich in die Welt gekommen, damit ich für die Wahrheit Zeugnis (μαρτυρησω) gebe." Darauf folgt die sprichwörtliche Pilatus-Frage: „Was ist Wahrheit?" Das ist im Mund des als brutal bekannten Machtmenschen Pilatus nicht die Frage eines ehrlichen Wahrheitssuchers; es ist die zynische Frage eines Machtmenschen, der zwar etwas abergläubisch ist, wie es die Römer damals waren, der sich aber um die Wahrheit keinen Deut schert, für den vielmehr nur politische Macht und Opportunität zählen. So weicht Pilatus vor der Frage nach der Wahrheit aus und lässt sich aufs Verhandeln und auf Kompromisse ein. Doch der Ausweg, den er sucht, ist die reine Willkür. Denn juristisch findet er keinen Grund, um Jesus zu verurteilen, aber angesichts des Drucks des Pöbels gibt er nach. Er lässt Jesus geißeln und kreuzigen. Für die Juden hat er dabei nur Hohn und Spott übrig. „Euren König soll ich kreuzigen?" Die Juden verbiegen und verleugnen sich selbst: „Wir haben keinen

14

König außer dem Kaiser." So ist der Prozess von Anfang bis Ende verlogen; er verliert sich in politisch opportunistischem Kalkül.

In diesem Prozess finden wir alle wesentlichen Elemente des christlichen Verständnisses des Martyriums. Jesus stirbt nicht für eine Idee oder für eine Moral. Es geht um seine Person. Er ist in Person der Weg, die Wahrheit und das Leben (Joh 14,6; vgl. 1,4 f; 8,12). Diese Auseinandersetzung zwischen Licht und Finsternis, Wahrheit und Lüge geschieht nicht nur in der Innerlichkeit des Herzens; sie geschieht in der politischen Öffentlichkeit vor dem Forum politischer Macht und mit allen Mitteln politischer Macht. Bis heute hängt man den Märtyrern politische Absichten an: Volksverrat, Hochverrat, Devisenvergehen, Frauengeschichten und anderes. Mit solchen Schauprozessen kann man, genau wie bei Jesus, die Massen aufwiegeln und Pogromstimmung erzeugen.

Bei den neueren Märtyrern wird noch ein anderer Aspekt deutlich. Bei den Märtyrern der ersten Jahrhunderte genügte für die Verurteilung das Bekenntnis: „Ja, ich bin ein Christ".[13] Dieses Bekenntnis hat den Angeklagten eine letzte Würde gelassen. Er konnte aufrecht gerade stehen für sein Bekenntnis. Heute werden viele Märtyrer nicht nur unter irgend einem Vorwand als gemeine Verbrecher verurteilt, man versucht ihre Persönlichkeit entweder durch brutale Torturen oder durch raffinierte pharmakologische und psychologische Mittel zu manipulieren, oder man lässt sie einfach verschwinden. Sie werden als Person anonymisiert. Sogar ihre Asche wird in alle Winde zerstreut. Es sollen keinerlei Spuren übrig bleiben; man will keine Märtyrer schaffen und auch noch ihr irdisches Andenken auslöschen.[14] Doch gerade in dieser äußersten Ohnmacht, Erniedrigung und Entäußerung stehen sie in der Nachfolge Jesu, der sich selbst zum Sklaven und bis zum schändlichen Tod am Kreuz entäußert hat (Phil 2,7f.). Die Märtyrer erfahren diese Kenosis Christi bis zur totalen Auslöschung ihrer Person. Die Wahrheitsfrage soll erst gar nicht laut werden. Paulus bringt es auf den Punkt: Man hält die Wahrheit nieder (Röm 1,18). Dieses Niederhalten der Wahrheit ist das zutiefst Apokalyptische unserer Situation.

IV. Die Kirche eine Märtyrerkirche

Das Verständnis Jesu als Urmärtyrer wirft Licht auf das Verständnis der Jünger Jesu. Jesus hat seinen Jüngern vorhergesagt, dass sein Schicksal auch ihr Schicksal sein werde. Schon in den Seligpreisungen der Bergpredigt heißt es: „Selig seid ihr, wenn ihr um meinetwillen beschimpft und verfolgt und auf alle mögliche Weise verleumdet werdet (Mt 5,11; vgl. Lk 6,22). In der Aussendungsrede an die Jünger (Mt 10,16-39) wird Jesus konkret.[15] Er sagt seinen Jüngern, sie sollen sich keine Illusionen machen. Er sendet sie nicht in eine wohlwollend freundliche Welt. Er sendet sie wie Schafe unter Wölfe. Er sagt voraus, man werde sie um seinetwillen vor Statthalter und Könige schleppen, „damit ihr vor ihnen und den Heiden Zeugnis (μαρτυριον) ablegt." Jesus sagt ihnen und damit auch uns: rein privates Frommsein genügt nicht; öffentliches Zeugnis ist gefordert.

Jüngersein bedeutet Leidens- und Schicksalsgemeinschaft mit Jesus. „Wer mein Jünger sein will, der verleugne sich selbst, nehme sein Kreuz auf sich und folge mir nach" (Mk 8,34).[16] „Ein Jünger steht nicht über seinem Meister, und ein Sklave nicht über seinem Herrn. Der Jünger muss sich damit begnügen, dass es ihm ergeht wie seinem Meister, und der Sklave, dass es ihm geht wie seinem Herrn." „Wenn sie mich verfolgt haben, werden sie auch euch verfolgen" (Joh 15,20). Die Apostelgeschichte weitet diese Vorhersage aus. Die Jünger sollen Zeugen sein in Jerusalem und ganz Judäa und Samarien und bis an die Grenzen der Erde (1,8). Sie sagt, dass der Zeuge für den

Namen Christi angefeindet wird und viel leiden muss (5,41; 9,16; 14,22; 21,13). Dieses „muss" (δει) meint im Neuen Testament eine heilsgeschichtliche, eine göttliche Notwendigkeit. Es gehört einfach dazu.

Die Parallelität von Jesu Tod und dem Tod des Märtyrers wird im Sterben des Erzmärtyrers Stephanus deutlich. Wie Jesus betet er „Herr Jesus, nimmt meinen Geist auf" und wie Jesus stirbt er betend „Herr, rechne ihnen diese Sünde nicht an" (Apg 7,59 f). Ähnlich versteht Paulus seine apostolischen Leiden als Leidens- und Kreuzesgemeinschaft mit Christus. Er sagt, er trage das Todesleiden an seinem Leib, damit auch das Leben Jesu an seinem Leib sichtbar wird (2 Kor 4,10).[17]

Das gilt nicht nur von den Aposteln; alle Christen sind auf Tod und Auferstehung Christi getauft und durch die Taufe, Tod und Auferstehung Christi gleichgestaltet (Röm 6,3-11). Sie werden in der Taufe auf Christus, den Stein gebaut, den die Bauleute verworfen haben, der aber zum Eckstein geworden ist (1 Petr 2,7). Das ist die Stelle, an der vom königlichen Priestertum aller Getauften die Rede ist. Das macht deutlich, dass mit dem königlichen Priestertum aller Getauften nicht primär irgendwelche Rechte und Funktionen von Laien in der Kirche gemeint sind. Noch deutlicher wird das an der zweiten einschlägigen Stelle. In der Offenbarung des Johannes heißt es, Christus habe mit seinem Blut Menschen aus allen Stämmen und Sprachen für Gott erworben und sie zu Königen und Priestern gemacht (5,9 f; vgl. 1,5.9). Das in der Taufe begründete königliche Priestertum meint die grundsätzliche Berufung aller Christen zum Martyrium. Das Martyrium ist der christliche Ernstfall und das erhabenste Zeugnis, das man für die Wahrheit des Glaubens ablegen kann.[18]

So finden wir es auch bei den frühen Märtyrern. Das Martyrium des Polykarp und vieler anderer Märtyrer wird ganz nach dem Muster der Passion Jesu beschrieben.[19] Ignatius von Antiochien will „die Leiden seines Gottes" nachahmen.[20] Dasselbe Verständnis begegnet uns wieder bei Irenäus von Lyon[21] und bei Origenes.[22] Für das ostkirchliche Verständnis ist der Märtyrer gleichsam eine Ikone Jesu Christi.[23]

Letztlich ist es Christus selbst, der in seinen Jüngern verfolgt wird. Als Saulus auf dem Weg nach Damaskus ist, um die dortigen Christen aufzuspüren und sie vor das Synedrion in Jerusalem zu schleppen, wird er plötzlich von einem Licht vom Himmel getroffen, stürzt zu Boden und hört die Stimme Jesu: „Saulus, Saulus, warum verfolgst du mich" (9,4). Paulus hat diesen Gedanken mit seiner Rede von der Kirche als Leib Christi aufgegriffen. Nach Augustinus ist Christus das Haupt und der Anführer der Märtyrer; sie sind seine Glieder;[24] Christus stirbt in ihnen;[25] er leidet in ihrer Passion[26] und er siegt in ihnen.[27]

Weil es im Martyrium um die Leiden Christi geht, finden wir bereits in der zweiten Hälfte des 2. Jahrhunderts Zeugnisse der Märtyrerverehrung. Der Ort der Märtyrerverehrung war die Feier der Eucharistie. In der eucharistischen Feier, die Jesus uns am Abend vor seinem Tod als sein Testament hinterlassen hat, wird sein Tod „für uns" und „für die vielen" gegenwärtig (Mk 14,24 par.). In der Erinnerung an die Märtyrer geht es um die Erinnerung an Tod und Auferstehung Jesu Christi, die in der Eucharistie gegenwärtig wird und aus der die Kirche lebt.

Die Märtyrer sind gleichsam Ikone Jesu Christi und als solche Vorbild der Ausdauer und der Standhaftigkeit im Glauben. Sie senden zugleich eine Botschaft nach außen. Es wird berichtet, wie die Heiden staunten, wie die Christen sich zwar nicht zum Martyrium drängten, es aber geduldig und tapfer annahmen und wie sie ihren Peinigern sogar verziehen haben.[28] So diente das Martyrium der Ausbreitung des Christentums.[29] Bekannt

ist das Wort des Tertullian: „Das Blut der Märtyrer ist der Samen neuer Christen".[30] Damit will
Tertullian den Heiden sagen: Eure Verfolgungen
nützen euch nichts, sie bewirken das Gegenteil;
sie helfen nicht zur Eindämmung des Christentums, im Gegenteil sie befördern seine Ausbreitung. Das Martyrium ist nach innen und außen
das Christusbekenntnis *katexochen* (schlechthin).
Die Märtyrer sind Glaubwürdigkeitszeugnis, Stolz
und Zierde des Christentums.[31] Es gibt keine Kirche, die nicht Märtyrerkirche wäre. Eine Kirche,
die nicht leidet, wäre nicht die Kirche Jesu Christi.

V. MÄRTYRER – ZEUGEN FÜR FREIHEIT UND GERECHTIGKEIT

Die Nachfolge Jesu Christi ist Nachfolge Jesu, der
sein Leben hingegeben hat für uns und für die
vielen (Mk 10,45; 14,24 par). Jesu Sein ist Pro-
-Existenz, Sein für die andern. „Für uns und um
unseres Heiles willen" bekennen wir im Credo.
Proexistenz (Sein für andere) und Einsatz für andere sind darum grundlegende Stichworte für das
christliche Verhalten in der Welt.[32] „Daran haben
wir die Liebe erkannt, dass Er (sc. Christus) sein
Leben für uns hingegeben hat. So müssen auch
wir das Leben für die Brüder hingeben" (1 Joh
3,16). „Eine größere Liebe hat niemand als wenn

einer sein Leben hingibt für seine Freunde" (Joh 15,13).

Wer für die Wahrheit Gottes Zeugnis gibt, muss auch für die Würde des Menschen, der nach dem Bild Gottes geschaffen ist, Zeugnis geben. Wer Zeugnis gibt für die Freiheit, zu der Jesus Christus uns freigemacht hat (Gal 5,1.13), setzt sich auch ein für Freiheit von Unterdrückung und Gewalt jeder Art. Ihm gelten die Seligpreisungen der Bergpredigt, welche die Friedensstifter und die um der Gerechtigkeit willen Verfolgten seligpreist (Mt 5,9 f). Märtyrer ist darum, wer in der Nachfolge Christi und um Christi willen sein Leben im Einsatz für andere hingibt. Die christliche Identität ist keine in sich verschlossene, sich sektiererisch abkapselnde Identität, sondern offene Identität; sie ist im Dasein für Gott zugleich Dasein für andere, besonders für die Armen, Unterdrückten und Verfolgten.

Diese Erkenntnisse haben in der jüngeren Theologie zu einem erweiterten und vertieften Verständnis des Märtyrers geführt. [Ansätze dazu finden wir bereits bei Thomas von Aquin.[33]] Ausführlich geschah die Erweiterung in der Theologie der Befreiung,[34] deren Ansätze in diesem Punkt auch von Theologen aufgegriffen wurden, die nicht zur Theologie der Befreiung zählen.[35]

Selbstverständlich darf man dieses Verständnis nicht ideologisch sozialrevolutionär missdeuten und missbrauchen. Das Wort Jesu an Petrus, der bei der Verhaftung Jesu mit dem Schwert dreinschlagen wollte, ist eindeutig. „Steck dein Schwert in die Scheide. Denn alle, die das Schwert ergreifen, werden durch das Schwert umkommen." (Mt 26,52; vgl. Lk 22,49-51; Joh 18,10 f). Der Märtyrer bedient sich des Schwerts des Wortes und des Geistes (Eph 6,17). Er tötet nicht andere, er wird um seines Glaubenszeugnisses willen von anderen getötet.

So ist es mit Erzbischof Oscar Romero von El Salvador geschehen. Er hatte sich in seinen Predigten gegen die Entrechtung und für die Rechte der Campesinos eingesetzt hat. Dafür wurde er von einem Militärkommando am 24. März 1980 während der Feier der Eucharistie niedergeschossen. Hier gelten die Seligpreisung für die Armen und der um der Gerechtigkeit willen Verfolgten (Mt 5,3.11; Lk 6,20.22 f). Papst Franziskus hat darum den Prozess der Seligsprechung dieses Märtyrers für die Gerechtigkeit neu angeschoben und in Gang gesetzt.

VI. Martyrium als Anbruch und Durchbruch des Reiches Gottes

Die Märtyrertheologie gehört in den Zusammenhang der Seligpreisungen. In ihnen wird denen, die keine Gewalt anwenden, aber durch Gewalt um Christi willen umkommen, das Reich Gottes zugesagt. Ja, im Tod des Märtyrers gehen diese Seligpreisungen in Erfüllung. Das Martyrium ist nicht Untergang, sondern Sieg des Lebens. Das Martyrium ist wirklichkeitserfülltes Zeichen des Kommens des Reiches Gottes.[36] Das ist grundlegend im Tod Jesu geschehen. Die Passionsgeschichte des Johannesevangeliums schließt mit dem Siegesruf: „Es ist vollbracht!" (Joh 19,30). Nach dem vierten Evangelium ist die Erhöhung Jesu ans Kreuz zugleich die Erhöhung zur Rechten Gottes.

Der Erzmärtyrer Stephanus blickt in seiner Todesstunde erfüllt vom Hl. Geist zum Himmel empor und ruft: „Ich sehe den Himmel offen und den Menschensohn zur Rechten Gottes stehen" (Apg 7,55 f). Nach dem Martyrologium des Polykarp wirken die Märtyrer wie entrückt und innerlich mit Gott in Verbindung.[37] Ignatius von Antiochien schreibt: „Von wilden Tieren umgeben, bin ich umgeben von Gott."[38] Das Martyrium heißt für ihn „Gott gewinnen" und „Gottes teilhaftig werden."[39]

Was in der Taufe auf den Tod Christi bei jedem Christen grundgelegt wird (Röm 6, 3-11), wird im Tod des Märtyrers vollendet. Thomas von Aquin hat den Sachverhalt präzis getroffen, wenn er feststellt: Durch die Taufe werden wir durch ein vergegenwärtigendes Bild, im Martyrium durch das Werk selbst, dem Tod Christi gleichgestaltetet. Die Bluttaufe ist ihm die vorzüglichste Form der Taufe und der Christusgleichgestaltung.[40] Die Annahme des Martyriums ist höchster Ausdruck des Glaubens, in dem das subjektive Bekenntnis und das objektive Bekenntnis zu Tod und Auferstehung Jesu Christi zur Deckung kommen.[41] Im Martyrium kommt Gottes Reich an und der Märtyrer kommt in Gottes Reich an. In ihm bricht das Eschaton, die Ankunft Gottes beim Menschen und des Menschen bei Gott, mitten in der Geschichte an. Es ist der Triumph der befreienden, erlösenden und Leben spendenden Gnade Gottes.

Als Ankunft des Reiches Gottes ist das Martyrium kein Heroismus und die Märtyrer sind keine Heroen. Die Märtyrer sind Menschen wie wir: Sie lieben die Welt; auch sie haben Angst vor der Folter und vor dem Sterben. Wie Jesus machen auch sie Getsemani-Stunden der Angst und des Ringens mit Gott durch. Darum darf man sich nach Auffassung der frühen Kirche nicht zum Martyrium drängen; man weiß ja nicht, ob man standhält. Aber wenn die Stunde da ist, dann darf sich der Märtyrer des Beistandes des Geistes gewiss sein (Mt 10, 20).[42] Das Martyrium ist eine Geistgabe, ein Charisma, eine besondere Berufung und Auserwählung. Darum heißt es in der Aussendungsrede gleich drei Mal; Habt keine Furcht! (Mt 10,26.28.31). Ihr dürft der Extremsituation des Martyriums, wenn sie von euch gefordert ist, zuversichtlich entgegengehen.

Das Martyrium war für die frühen Christen kein Grund zu Trauerfeiern; es wurde gefeiert als Teilhabe am eschatologischen Sieg Christi über den Tod. Nach dem Bericht der Apostelgeschichte freuten sich die Christen, dass sie gewürdigt wurden, für Christus Zeugnis zu geben.[43] Paulus mahnt im Brief an die Philipper, den man zu Recht eine Märtyrerschrift genannt hat,[44] gleich drei Mal zur Freude: „Freuet euch! Nochmal sage ich euch: Freuet euch!" (3,1; 4,4). Die Märtyrerakten sprechen immer wieder von der inneren Ruhe und Freude und vom Entrücktsein beim Martyrium. So wurde der Todestag des Märtyrers schon bald als Geburtstag (Dies natalis) zum neuen Leben gefeiert.[45]

Hier hat die Märtyrerverehrung ihren Ursprung. Sie ist keine Heldenverehrung, sondern Lobpreis der eschatologisch siegreichen Macht der Gnade

Gottes. Die Märtyrer werden nicht angebetet, sondern verehrt.[46] Gegen Missbrauch und Maßlosigkeit der Märtyrerverehrung haben sich schon die Kirchenväter zur Wehr gesetzt, die im rechten Sinn verstandene und praktizierte Märtyrerverehrung aber haben sie immer verteidigt. [47]

Im letzten Buch des Neuen Testaments, der Offenbarung des Johannes, wird alles in einer großen Schau zusammengefasst.[48] Sie wurde vom Seher auf Patmos in dem Augenblick niedergeschrieben, in dem sich unter Kaiser Domitian die erste große Christenverfolgung abzeichnete. Für den Seher von Patmos ist damit die Zeit der endzeitlichen Auseinandersetzung angebrochen, die er in großartigen Bildern als Auseinandersetzung zwischen Christus und dem Antichrist beschreibt. Am Ende steht der Sturz des Drachens und der Hure Babylon, mit der die Könige der Erde gehurt und in Luxus gelebt haben (18,9). Am Ende steht der eschatologische Sieg der Wahrheit über die Lüge, der Liebe über Hass und Gewalt, des Lebens über die Mächte des Todes.

In diese endzeitliche Auseinandersetzung gehören die Märtyrer hinein. Sie wurden hingeschlachtet wegen des Wortes Gottes und wegen ihres Zeugnisses (μαρτρια) (6,9). Sie haben durch ihr Wort und ihr Zeugnis (μαρτυρια) nicht an ihrem Leben, sondern am Zeugnis (μαρτυρια) für Jesu festge-halten (12,11.17; vgl. 19,10; 20,4). Sie haben den großen Drachen besiegt (12,11), und sie haben die Hure Babylon besiegt (18,9). Sie haben ihre Gewänder weiß gewaschen im Blut des Lammes und stehen nun vor dem Thron des Lammes, das alle Tränen von ihren Augen abwischt (5,14-17).

Die Liturgie im Himmel, die der Seher be-schreibt, spiegelt sich in der Liturgie auf Erden. Die Hymnen der himmlischen Kirche vor dem Lamm, von denen die Offenbarung des Johannes voll ist, finden ihr Echo in der Liturgie der irdi-schen Kirche. Mit unseren Hymnen stimmen wir in das himmlisches Lob der Märtyrer ein. Darum singen wir im Großen Lobgesang des „Te Deum": „Dich lobt der Chor der Märtyrer". Auch die Kirche von heute steht in ihrer Liturgie in der großen Gemeinschaft der Märtyrer.

VII. DIE FRAGE DER MÄRTYRER AN UNS

Augustinus hat in seinem monumentalen Werk über den Gottesstaat gezeigt, dass die Auseinan-dersetzung zwischen den beiden Reichen die gan-ze Geschichte seit Kain und Abel durchzieht und dass die Kirche ihren Pilgerweg geht zwischen den Verfolgungen der Welt und den Tröstungen Gottes.[49] Es wäre darum eine große Selbsttäuschung, wollten wir annehmen, die Martyria sei nur unter menschenverachtenden Diktaturen gefordert, nicht aber in der freien Welt, zu der zu gehören wir dankbar sein dürfen.

Auch in der freien Welt lauert die Gefahr, dass die Wahrheit unterdrückt wird. Nicht mit äußerer Gewalt sondern raffinierter durch die Atmosphäre der öffentlichen und veröffentlichten Meinung. Wenn alles relativ und – im wörtlich verstandenen Sinn – gleich-gültig ist, wird die Wahrheit auf eine raffinierte Weise niedergehalten und schon die Frage nach der Wahrheit zum Verschwinden gebracht. Die Gleichgültigkeit gegenüber Gott führt zur Gleichgültigkeit gegenüber dem Nebenmenschen. Papst Franziskus hat vor der Globalisierung der Indifferenz gewarnt. Der Skandal der Indifferenz gegenüber den verfolgten Christen gehört in diesen Zusammenhang.

Dabei tut uns die Erinnerung an die alten wie an die neuen Märtyrer not. Die Erinnerung an die Märtyrer ist das mit Blut geschriebene Archiv der christlichen Wahrheit.[50] Sie ist eine gefährliche Erinnerung, die uns aufrüttelt. Sie sagt uns, dass man Gott mehr gehorchen muss als den Menschen (Apg 4,19). Sie zeigt die christliche Alternative an der Orientierung an dem, was man sagt, was man tut und wie man sich verhält. Sie erinnert uns an unsere durch die Taufe begründete christliche Identität im Schatten des Kreuzes und in der Hoffnung auf die Auferstehung zum neuen Leben.

Nicht alle, nur wenige sind zu Märtyrern im eigentlichen Sinn des Wortes berufen. Das Martyrium ist ein außerordentliches Charisma: es ist der Ernstfall, nicht der Normalfall des Christseins. Alle aber müssen aufgrund ihrer Taufe auf den Tod Christi zum Martyrium bereit sein. Die Tapferkeit ist eine menschliche Kardinaltugend, die besagt, dass man bereit sein muss, für eine große Sache Nachteile, gegebenenfalls auch den Tod in Kauf zu nehmen.[51] Diese menschliche Tugend der Tapferkeit wird christlich überformt und vollendet durch die Liebe, die sich am Leben nicht festklammert, sondern in der Nachfolge Jesu das Leben verschenkt und dies im Ernstfall bis zur Hingabe des Lebens.

Die verfolgten Christen fragen uns, und wir müssen uns fragen: Haben wir in der Kirche der freien Welt diesen Ernstfall nicht praktisch weitgehend ausgeklammert? Passen wir uns nicht oft allzu bequem dem Mainstream, dem Lebensstil und der Mentalität unserer heutigen Kultur an? Ist es nicht zu einer weitgehenden Verbürgerlichung des Christseins gekommen? Sören Kierkegaard hat diese Frage und Anklage an seine evangelische Kirche gerichtet.[52] Hans Urs von Balthasar hat dieselbe Frage in seiner Schrift „Cordula oder der Ernstfall" an die Adresse der katholischen Kirche gerichtet.[53] Die Erinnerung an die Märtyrer tut allen Kirchen not.

VIII. ÖKUMENE DER MÄRTYRER

Leider ist es nicht selbstverständlich, dass wir heute von einer Ökumene der Märtyrer sprechen. Als der Same der Märtyrer der frühen Kirche aufging und die Kirche unter Kaiser Konstantin 313 den Sieg über das Heidentum errungen hatte, musste Athanasius schon sehr bald feststellen: Es ist keine Friedenszeit, im Gegenteil, eine viel schlimmere Verfolgung ist angebrochen.[54] Die Christen selbst machten sich nun das Leben schwer. Es kam zu Spaltungen zwischen den Christen und zur Verfolgung der Christen durch andere Christen.[55] Die arme und verfolgte Kirche war zu einer mächtigen Kirche geworden; aus den Verfolgten wurden allzu oft Verfolger.

Das geschah nicht nur im Mittelalter. Es geschah auch im Gefolge der Reformation, leider auf allen Seiten. Die Kirchen haben sich in diesem Punkt gegenseitig nichts vorzuwerfen. Man denke vor allem an die blutige Verfolgung der Täufer, an die Hussiten- und die Religionskriege, die katholischen wie anglikanischen Märtyrer Englands. Da alle etablierten Kirchen die als Sekten und Schwärmer bezeichneten Freikirchen verfolgten, lebte der Gedanke des Martyriums besonders bei diesen weiter. Sie verstanden sich nun als die verfolgte und deshalb als die wahre Kirche.[56] Umgekehrt machte schon Augustinus geltend: Die Wahrheit kann nur in der Liebe und d.h. in der Einheit der Kirche bewahrt werden. Wirkliche Märtyrer kann es darum nur in der einen katholischen Kirche geben.[57] Das führte zu einer folgenschweren konfessionellen Verengung des Märtyrerverständnisses. Die bei den einen als Märtyrer galten und verehrt wurden, waren für die anderen schlimme Häretiker und oft genug Verbrecher.

Die ökumenische Bewegung des 20. Jahrhunderts brachte endlich eine Wende. In der gemeinsamen Verfolgung sind die Christen unterschiedlicher Kirchen zusammengewachsen. Es gibt bewegende Geschichten aus den Konzentrationslagern und aus den Gulags, wo Christen unterschiedlicher Kirchen unter schlimmen Umständen ihre größere und tiefere Gemeinsamkeit entdeckt und Freundschaft geschlossen haben. Das wichtigste Ergebnis der ökumenischen Bewegung ist, dass wir gegenseitige unsere Taufe anerkannt und uns damit als Christen wieder entdeckt und anerkannt haben. Das II. Vatikanum anerkannte nicht nur die Wassertaufe, sondern auch die Bluttaufe außerhalb der katholischen Kirche und sprach mit Hochachtung von nichtkatholischen Christen, die bis zur Hingabe des Lebens und bis zum Vergießen des Blutes für Christus Zeugnis geben.[58]

Papst Johannes Paul II. hat in der Ankündigung des Jubiläumsjahres 2000 diesen Gedanken aufgegriffen und gesagt, die Gemeinschaft der Märtyrer spreche mit lauterer Stimme als die der Urheber der Spaltungen.[59] Deshalb hat er seine Enzyklika über die Ökumene „Ut unum sint" mit einem Kapitel über die Ökumene der Märtyrer begonnen.[60] Es war für mich eine bewegende Erfahrung, als er am 7. Mai des Jubiläumsjahres 2000 zur ökumenisch gemeinsamen Feier der Märtyrer des 20. Jahrhunderts an dem symbolträchtigen Ort vor dem Kolosseum in Rom eingeladen hat. In Gegenwart hoher Vertreter aller Kirchen wurde der Märtyrer des 20. Jahrhunderts gedacht und deren Zeugnisse vorgelesen: Neben dem Zeugnis von P. Maximilian Kolbe (+1941 Auschwitz) auch das von Pastor Paul Schneider (+1939 Buchenwald) und von Metropolit Serafim (+1937 Botovo). Bei dieser Feier wurde deutlich: Martyrium ist ökumenisch. Es wurde die tiefe Gemeinsamkeit erfahrbar, welche die Kirchen jenseits aller bestehenden Unterschiede verbindet.

Eine zweite eindrückliche Erinnerung war für mich die Seligsprechung der Lübecker Märtyrer am 25. Juni 2011.[61] Drei freundschaftlich miteinander verbundene katholische Kapläne und ein lutherischer Pastor wurden 1943 vom Volksgerichtshof zum Tod verurteilt und am 10. November 1943 innerhalb von nur einer halben Stunde nacheinander enthauptet, so dass ihr Blut zusammenfloss. Ein eindrücklicheres ökumenisches Zeugnis ist kaum denkbar. Die Aufarbeitung dieser Geschichte hat die evangelische und die katholische Gemeinde in Lübeck, die zuvor wenig miteinander zu tun hatten, zusammengeführt. Am Vorabend durfte ich in der lutherischen Gemeinde und am folgenden Tag bei der Seligsprechung der drei Kapläne beim katholischen Gottesdienst die Predigt halten, am Schluss der Feier sprach der lutherische Bischof. Da war etwas Neues gewachsen.

Man kann das Wort des Tertullian, dass das Blut der Märtyrer der Same neuer Christen ist, abwandeln und sagen: Das Blut so vieler gemeinsamer Märtyrer ist der Same der Einheit der Christen. Die Märtyrer sind der Same, aus dem die Kirche wächst und sich immer wieder erneuert.

Sie sind wie das Weizenkorn, das, wenn es in die Erde fällt und stirbt, Frucht bringt (Joh 12,24). Das Blut so vieler Märtyrer aller Kirchen im 20. und 21. Jahrhunderts wird – so dürfen wir hoffen – auch heute und morgen der Same neuer Christen sein und der Humus, auf dem sich die Kirchen erneuern und in dem, den sie gemeinsam als den Urmärtyrer bekennen, zur vollen Einheit zusammenfinden.

ANMERKUNGEN

1   A. Riccardi, Salz der Erde, Licht der Welt. Glaubenszeugnis und Christenverfolgung im 20. Jahrhundert. Mit einer Einleitung von M. Scheuer, Herder, Freiburg i.Br. 2002; H. Schultze-A. Kurschat (Hg.), Ihr Ende schaut an... Evangelische Märtyrer des 20. Jahrhunderts, Leipzig 2008; H. Moll (Hg.) Zeugen für Christus. Das deutsche Martyrologium des 20. Jahrhunderts. 2. Bde., Paderborn5 2010.

2   Vgl. „Kirche in Not": Christen in großer Bedrängnis. Diskriminierung und Unterdrückung. Dokumentation 2011; Weltverfolgungs-Index 2012; J. Allen, The war on Christians. The global Persecution of Christians is he unreported catastrophe of our time, in: The Spectator, 5 October 2013.

3   Jüngere Veröffentlichungen zur Theologie des Martyriums: K. Rahner, Zur Theologie des Todes. Mit einem Exkurs über das Martyrium (QD 2) Freiburg i. Br. 1965, 73-106; J. Moltmann, Kirche in der Kraft des Geistes, München 1975, 378-388; H. U. Balthasar, Martyrium und Mission, in: Neue Klarstellungen, Einsiedeln 1979,158-173; E. Christen, Art. Martyrium II/2, in: TRE XXII (1992) 212-220; W. Scheuer, Art. Märtyrer, Martyrium, in: LThK VI (1997) IV und V, 1441-44; P. W. Scheele, Zum Zeugnis berufen. Theologie des Martyriums, Würzburg 2008 (mit vielen Zeugnissen); L. Weckel (u. Anm. 34).

4   So das II. Vatikanische Konzil in der Kirchenkonstitution "Lumen gentium" 42. Vgl. Katechismus der katholischen Kirche, Nr. 2474.

5   Vgl. Art. Martyrium I und II, in: TRE 22 (1992) 197-207.

6   Die Forschungsgeschichte wird kritisch dargestellt bei N. Brox, Zeuge und Märtyrer. Untersuchung zur frühchristlichen Zeugnisterminologie, München 1961; die neuere Literatur: TRE 22 (1992) 210-212. Noch immer wichtig ist H. Campenhausen, Die Idee des Martyriums in der alten Kirche, Göttingen 1936. Hilfreich ist die Zusammenstellung der Texte bei Th. Baumeister, Genese und Entfaltung der altkirchlichen Theologie des Martyriums, Berlin 1991.

7   Zusammenfassend Hebr 11,32-40.

8   2 Makk 6,12-31; 7. Vgl. auch Dan 11, 32-35.

9 2 Sam 12; 1 Kö 21; Jer 20,7-18; Hos 9,7-9; Mt 23,37; Lk 6,22; Apg 7,52; 1 Thess 2,15; Jak 5,10.

10 Zur exegetischen und theologischen Diskussion W. Kasper, Barmherzigkeit. Grundbegriff des Evangeliums – Schlüssel christlichen Lebens, Freiburg i. Br. 2012, 77-82.

11 Schon das erste Martyrologium, das des Polykarp bezieht sich im ersten Kapitel auf diesen Prozess vor Pilatus.

12 H. Schlier, Jesus vor Pilatus, in: Die Zeit der Kirche. Exegetische Aufsätze und Vorträge, Freiburg i. Br.2 1958 , 56-74.

13 Martyrologium des Polykarp 10; des Justin 3 f; des Karpus 1; 3; der scilitanischen Märtyrer, 10; des Apollonius, 2; der Perpetua und Felicitas, 3; 6 u.a

14 Ähnliches schon in der Antike um der Märtyrerverehrung und der christlichen Missionspropaganda keinen Vorschub zu geben. Vgl. H. Campenhausen, a.a.O. (Anm. 6) 81.

15 Vgl. dazu E. Peterson, Zeuge der Wahrheit, in: Theologische Traktate, München 1951, 167-219.

16 Vgl.10,39; Mt 10,24; 16,24; Lk 6,40; 14,27 ; Joh 13,16; 15,20.

17 Röm 8,35 f; 1 Kor 3,9-13; 2 Kor 4,7-11; 6,4-10; 11,23-33; ähnlich Phil 4,12 f.

18 So der Katechismus der katholischen Kirche, Nr. 2473.

19 Martyrologium des Polykarp 1; 14; 17.

20 An die Röm 6,3.2; 2 Polykarp an die Phil 8,2; 9,2; Eusebius, Hist. eccl. V, 1 f u.a.

21 Irenäus von Lyon, Adv. haer. III,178,5

22 H. Campenhausen, a.a.O. (Anm. 6) 95-97

23 Ebd. 99

24 Augustinus. Jo ev. 43,12. Weitere Stellen bei H. Campenhausen, a.a.O. (Anm. 8) 104 Anm. 4

25 Augustinus, en. in Psalmos 40,1

26 Augustinus, en. in Psalmos 40,8

27 Augustinus, sermo 329,2

28 Justin, 2 Apol 12 f; Martyrologium des Polykarp 2; 12; 16; 19; Diognet-Brief 5 u.a..

29 Tertullian, Apol. 1.12 f; Eusebius, passim.

30 Tertullian, Apol. 50, 14.

31 I. Vatikanisches Konzil: DS 3013.

32 H. Menke, Stellvertretung. Schlüsselbegriff christlichen Lebens und theologische Grundkategorie, Einsiedeln-Freiburg 1991; ders., Jesus ist Gott der Sohn. Denkformen und Brennpunkte der Christologie, Regensburg2 2011, 377-408; W. Kasper, Barmherzigkeit. (Anm. 10) 81 f; 115 f;

33 Thomas von Aquin, IV Sent d. 49 q. 5 a.3 q.la 2 ad 11; S. th. II/II q. 124 a. 5 ad 3.

34 L. Weckel, Um des Lebens willen. Zu einer Theologie des Martyriums aus befreiungstheologischer Sicht, Mainz 1998; Martyrium in neuem Licht, in: Concilium 39 (2003) Heft 1.

35 K. Rahner, Dimensionen des Martyriums, in: Schiften XVI, 1984, 295-299; W. Scheuer, Art. Märtyrer, in:. LThK VI (1997) 1441-44.

36 Kirchenkonstituion „Lumen gentium", 50.

37 Märtyrologium des Polykarp, 2; 14-16; der Perprtua und Felicitas 15; 18; Eusebius, Historia eccl. V, 1,22 f. 52.56.

38 Ignatius, Brief an die Smyrnäer 4,2

39 Ignatius, Eph 12,2; Magn 14; Trall 12,2; 13,3; Röm 1,2; 2,1; 4,1; 9,2; Pol 2,3.

40 Thomas von Aquin, S. th. III q. 66, a. 11 f.

41 K. Rahner, Zur Theologie des Todes, (Anm.3) 89 ff;   Art, Martyrium, in: LThK VII (1962) 136-138.

42 Martyrologium der Perpetua und Felicitas. 1; Cyrill von Jerusalem, Myst. Katechesen, 16, 19 f.

43 Apg 5,41; 9,16; 14,22; 21,13

44 E. Peterson, Apostel und Zeuge Christi. Auslegung des Philipperbriefes, in: Ausgew. Schriften 2, Würzburg 1995, 63-98.

45   Erstmals im Martyrologium des Polykarp 18,2. Schon bei Ignatius deutet sich dieser Gedanke an: Eph 3,1; Trall 5,2; Röm 2,2; 4,3; 6,1; Smyrn 11,1. Vgl. o. Anm 39.

46 So schon das Martyrologium des Polykarp, 17

47 F. van der Meer, Augustinus als Seelsorger. Leben und Wirken des Kirchenvaters (1951),München 1983, 489-542. Vgl. Konzil von Trient: DS 1821-25; Kirchenkonstitution „Lumen gentium", 51. G. L. Müller, Gemeinschaft und Verehrung der Heiligen, Freiburg i. Br. 1986.

48 E. Peterson, Zeuge der Wahrheit, in: Theologische Traktate (Anm.15), 203-219.

49 Augustinus, De civitate Dei, XVIII,51,2.

50 Katechismus der katholischen Kirche, Nr. 2474.

51 J. Pieper, Das Viergespann. Klugheit-Gerechtigkeit-Tapfer-keit-Maß, München 1964, 162-198.

52 S. Kierkegaard, Das Buch über Adler (Ges. Werke 36. Abteilung), Düsseldorf 1962.

53 H. U. Balthasar, Cordula oder der Ernstfall, Einsiedeln 1966.

54 Athanasius, Hist. Arian 77. Vgl. H. Campenhausen, a.a.O. (Anm. 6) 267.

55 Dazu P. W. Scheele, a.a.O. (Anm. 3) 59-65.

56 Das ist die These von Gottfried Arnold, Unparteiische Kirchen- und Ketzerhistorie, Frankfurt a. M. 1699/1700.

57 Augustinus, De baptismo IV 17,24; ep. 173,6.

58 Kirchenkonstitution „Lumen gentium", 15; Ökumenismus-dekret „Unitatis redintegratio" 4. Schon 1998 wurde am Westportal der Westminster Abbey in London ein Fries von zehn repräsentativen ökumenischen Märtyrer-Gestalten des 20. Jahrhunderts eingeweiht. Ähnlich die Ikone in S. Bartolomeo auf der Tiberinsel in Rom, welche von Johannes Paul II. als Gedächtniskirche für die Märtyrer des 20. Jahrhunderts bestimmt wurde

59 Johannes Paul II., Apostolisches Schrieben „Tertio millennio adveniente" (1994), 37.

60 Johannes Paul II., Enzyklika „Ut unum sint" (1995) 1.

61 P. Vosewinckel: Geführte Wege. Die Lübecker Märtyrer in Wort und Bild, Hamburg 2010

Kardinal Prof. Dr. Drs. h.c. Walter Kasper ist emeritierter Kurienkardinal und ehemaliger Präsident des Päpstlichen Rates zur Förderung der Einheit der Christen. Nach umfangreicher Lehrtätigkeit im In- und Ausland wurde er 1989 Bischof der Diözese Rottenburg-Stuttgart. Sein literarisches Schaffen findet seit Jahrzehnten anhaltende Resonanz im gesamten ökumenischen Raum.

CHRISTENVERFOLGUNG HEUTE –
GEDENKET DER MÄRTYRER
KONGRESS VOM 10. BIS 13. NOVEMBER 2013

VERANSTALTER:

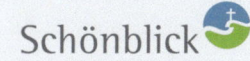 

KOOPERATIONSPARTNER: